Pilatus und Jesus

Giorgio Agamben

PILATUS UND JESUS

Aus dem Italienischen
von Andreas Hiepko

Matthes & Seitz Berlin

1

Das *symbolon*, das »Credo«, das den christlichen Glauben zusammenfasst, enthält neben den Namen des »Herrn Jesus Christus« und der »Jungfrau Maria« lediglich einen weiteren Eigennamen, der – zumindest dem Anschein nach – nicht in den theologischen Zusammenhang passt. Zumal es sich um den Namen eines Heiden handelt: *staurothenta te hyper hemon epi Pontiou Pilatou*, »für uns gekreuzigt unter Pontius Pilatus«. Im »Credo«, das die Kirchenväter im Jahr 325 in Nicäa verfassten, kam dieser Name nicht vor. Er wurde erst 381 vom Konzil von Konstantinopel hinzugefügt, aller Wahrscheinlichkeit nach, um die Leiden Jesu zu datieren. Wie einmal bemerkt worden ist, »spricht das christliche Credo von geschichtlichen Vorgängen. Pontius Pilatus ist dort wesentlich am Platze und nicht etwa nur ein seltsamerweise dorthin verirrter Pechvogel«.[1]

Dass das Christentum eine geschichtliche Religion ist, dass die »Geheimnisse«, von denen es spricht, auch und vor allem historische Begebenheiten sind, ist unbestritten. Ist aber die Inkarnation Christi »ein geschichtliches Ereignis von unendlicher, unbesitzbarer, unokkupierbarer Einmaligkeit«[2], dann ist der Prozess Jesu ein Schlüsselmoment der Menschheitsgeschichte, in dem sich die Ewigkeit in einem entscheidenden Augenblick mit der Geschichte verschränkt. Umso dringlicher stellt sich die Frage, wie und warum diese Verschränkung von Zeitlichem und Ewigem, Göttlichem und Menschlichem die Form einer *krisis*, eines Gerichtsverfahrens angenommen hat.

2

Weshalb aber Pilatus? Eine Formel des Typs *Tiberiou kaesaros* – die die Münzen ziert, die Pilatus prägen ließ, und von Lukas verwendet wird, um die Predigten Johannes des Täufers zu datieren (Lk 3,1) – oder *sub Tiberio* (wie Vergil bei Dante sagt: »nacqui *sub Iulio* [ich wurde *sub Iulio* geboren]«, *Inf.* 1,70) hätte den damaligen Gepflogenheiten besser entsprochen. Wenn sich die in Konstantinopel versammelten Kirchenväter für Pilatus entschieden haben und nicht für Tiberius, für den Präfekten – oder den »Procurator« Judäas, wie ihn Tacitus in einer der wenigen außerbiblischen Zeugnisse, die seinen Namen erwähnen (*Ann.* XV,44), nennt – und nicht für den Kaiser, mag das weniger der unzweifelhaften Absicht, die Ereignisse zu datieren, geschuldet sein, als vielmehr dem Gewicht, das die Figur des Pilatus in der Erzählung der Evangelien hat. Die gewissenhafte Genauigkeit, mit der vor allem Johannes, aber auch Markus, Lukas und Matthäus seine Unschlüssigkeit, seine Ausflüchte und seine Meinungsumschwünge beschreiben und seine bisweilen rätselhaften Worte wiedergeben, legt die Vermutung nahe, dass die Evangelisten hier erstmals eine Figur zu schaffen versuchten, die über eine eigene

Psychologie und entsprechende Eigenheiten verfügt. Das Porträt ist von solcher Lebendigkeit, dass noch 1781 Lavater in einem Brief an Goethe ausrufen wird: »Ich finde alles, Himmel und Erde und Hölle, Tugend, Laster, Weisheit, Thorheit, Schicksal, Freyheit – in Ihm –, Symbol von allem an alles.« Pilatus ist gleichsam die einzig wahre »Figur« der Evangelien (im *Antichrist* bezeichnet Nietzsche ihn als »einzige Figur im ganzen Neuen Testament, die man ehren muss«): Wir kennen seine Gefühlsregungen (»er verwunderte sich sehr«, Mt 27,14; Mk 15,5; »er fürchtete sich noch mehr«, Joh 19,8), seine Reizbarkeit und Verbitterung (wenn er Jesus, der ihm nicht antwortet, anherrscht: »Redest du nicht mit mir – *emoi ou laleis*! Weißt du nicht, dass ich Macht habe, dich freizulassen, und Macht, dich zu kreuzigen?«), seine Ironie (als solche gilt einigen die berüchtigte Erwiderung auf Jesus: »Was ist Wahrheit?«), seine scheinheilige Gewissenhaftigkeit (man denke an den Kompetenzstreit mit Herodes oder an die rituelle Handwaschung, mit der er sich vom Blut des zu Unrecht Verurteilten meint reinigen zu können) und seinen Jähzorn (das apodiktische »Was ich geschrieben habe, das habe ich geschrieben«, mit dem er die Hohepriester, die ihn auffordern, die Inschrift am Kreuz zu ändern, abfertigt). Wir lernen sogar, wenn auch nur flüchtig, seine Frau kennen, die ihm während des Prozesses ausrichten lässt, er solle Jesus nicht verurteilen, da sie »heute viel erlitten habe im Traum von seinetwegen« (Mt 27,19).

3

Dieser in Pilatus angelegten Figurizität werden sich nicht nur Michail Bulgakow in den phantastischen Pilatusgeschichten, die der Teufel in *Der Meister und Margarita* erzählt, und Alexander Lernet-Holenia in der grandiosen, in den Roman *Der Graf von Saint-Germain* eingeschalteten theologischen Farce bedienen. Schon sehr früh verschafft sie sich in den Texten, die man beharrlich als »Apokryphen« des Neuen Testaments bezeichnet (das Wort, unter dem man gewöhnlich »falsch« oder »unecht« versteht, bedeutet eigentlich »verborgen«), in einem regelrechten Pilatuszyklus Ausdruck. An erster Stelle muss hier das Nikodemusevangelium[3] genannt werden, das den Prozess Jesu viel ausführlicher schildert als die Synoptiker. So verneigen sich, als Jesus vor Pilatus tritt, die von den Bannerträgern gehaltenen Standarten wie durch ein Wunder vor ihm. Im Prozess melden sich zwölf Proselyten zu Wort, die gegen die Behauptung, Jesus »entstamme der Hurerei«, bezeugen, bei der Hochzeit Marias und Josephs zugegen gewesen zu sein, und auch Nikodemus sagt für Jesus aus. Der Prozess erscheint als kontradiktorisches Verfahren zwischen der Partei der jüdischen Ankläger, die alle mit Namen genannt werden (Annas, Kaiphas, Semes und Dathaes, Gamaliel, Judas, Levi, Alexander, Nephtalim und Jaïrus) und Pilatus, der oft außer sich gerät und ziemlich unverhohlen die Partei Jesu ergreift, nicht zuletzt, weil seine Frau »gottesfürchtig ist und dem Judentum anhängt«. Auch wird das Gespräch mit Jesus über Wahrheit, das bei den Synoptikern nach Pilatus' Frage unvermittelt abbricht, fortgesetzt und erhält so eine völlig andere Bedeutung. Umso unverständlicher ist es, dass Pilatus dem Drängen der Juden schließlich nachgibt, und, von einer plötzlichen Angst ergriffen, befiehlt, Christus zu geißeln und zu kreuzigen.

4

Die Pilatuslegende (die sogenannten *Acta* oder *Gesta Pilati*) entwickelt sich in zwei entgegengesetzte Richtungen. Zum einen gibt es die »weiße« Legende, von der die pseudepigraphischen Briefe an Tiberius und die *Paradosis* zeugen: Ihr zufolge haben Pilatus und seine Frau Prokla die Göttlichkeit Jesu erkannt und nur aus Schwäche dem Drängen der Juden nachgegeben. Auf diese Legende beruft sich Tertullian, wenn er schreibt, dass Pilatus sich nur aufgrund des vehementen Drucks der Juden gezwungen sah, Jesus kreuzigen zu lassen (*violentia suffragiorum in crucem dedi sibi extorserint*), jedoch »selbst schon in seinem Innersten ein Christ (*pro sua conscientia christianus*)« dem Kaiser in einem Brief von den Wundern und der Auferstehung Jesu berichtet habe (*Apol.*, XXI,18-24). Die *Paradosis* (also die »Auslieferung« oder auch »Überlieferung«) des Pilatus setzt die Abfassung dieses Briefes (von dem zahlreiche, offensichtlich nicht authentische Fassungen existieren) voraus, denn sie beginnt mit der Entrüstung, die der Inhalt des Schreibens bei Tiberius auslöst.[4] Er befiehlt, Pilatus in Fesseln nach Rom zu führen und fragt ihn, wie er einen Menschen habe kreuzigen lassen können, von dem er wusste, welch große Wunder er gewirkt hatte. Zu seiner Entlastung wälzt Pilatus die Schuld auf die Juden ab und erklärt, dass Jesus »größer sei als alle Götter, die wir verehren«. Paradoxerweise versucht die weiße Pilatuslegende, aus dem römischen Landpfleger einen heimlichen Verteidiger des Christentums gegen Juden und Heiden zu machen. Daran lässt die Bitte, mit der sich Pilatus an Jesus wendet, als Tiberius seine Enthauptung befiehlt, keinen Zweifel:

> »Herr, vernichte mich nicht mit den boshaften Hebräern; denn niemals hätte ich Hand an dich gelegt, wenn nicht das Volk der frevelhaften Juden einen Aufstand gegen mich angezettelt hätte. Aber du weißt, dass ich aus Unkenntnis handelte. Verdamme mich also nicht ob dieser Sünde, sondern verzeihe mir, Herr, und deiner Dienerin Prokla, die hier neben mir steht in der Stunde meines Todes. Denn du ließest sie deine Kreuzigung prophezeien. Verurteile wegen meiner Sünde nicht auch sie, sondern sei uns gnädig und reihe uns in die Zahl deiner Gerechten ein.«[5]

Als der endgültig zum Christentum übergelaufene Pilatus sein Gebet beendet hat, ertönt eine Stimme vom Himmel, die ihm das Heil verspricht:

»Selig preisen werden dich alle Generationen und Stämme der Völker, weil unter deiner Regierung all das in Erfüllung ging, was die Propheten von mir geweissagt hatten. Und du selbst wirst als mein Zeuge bei meinem zweiten Kommen erscheinen, wenn ich die zwölf Stämme Israels und die, welche meinen Namen nicht bekennen, richten werde.«

Nun wurde Pilatus das Haupt abgeschlagen, das ein Engel aufnahm und in den Himmel brachte. Als Prokla das sah, »gab sie, von Freude erfüllt, ihren Geist auf und wurde mit ihrem Manne begraben«.[6]

In dem in einer koptischen Fassung überlieferten Gamalielevangelium wird die Christianisierung des Pilatus auf die Spitze getrieben. Hier heißt es, dass

»Pilatus und seine Gattin Jesus liebten wie sich selbst. Dass er ihn gegeißelt, das hatte er den bösen Juden zu Gefallen getan, damit ihre Herzen günstiger gestimmt werden und sie ihn ohne Todesurteil entlassen möchten.«[7]

Denn die Juden hatten Pilatus betrogen: Sie ließen ihn glauben, dass sie Jesus, wenn er ihn auf diese Weise bestraft hätte, gehen lassen würden. Deshalb erscheint Jesus nach der Kreuzigung Pilatus im Traum (»sein Glanz übertraf den der Sonne, und die ganze Stadt war von seinem Glanz erleuchtet, ausgenommen das Versammlungshaus der Juden«) und tröstet ihn mit den Worten: »Pilatus, was weinst du, weil du Jesus gegeißelt hast? Fürchte dich nicht, denn was von Ihm geschrieben steht, ist erfüllt worden.«[8]

Es heißt, die Rechtfertigung des Pilatus durch die Christen sei mit dem Hintergedanken erfolgt, sich die Gunst der Römer zu erwerben und habe mit dem Ende der Christenverfolgung geendet. Sicher ist, dass die von der Legende betriebene Absolution des Pilatus mit der Absicht einhergeht, den Juden die alleinige Verantwortung für die Kreuzigung zuzuschieben. Es verwundert daher nicht, dass Pilatus von der koptischen Kirche heiliggesprochen wurde und die griechisch-orthodoxe Kirche seiner Frau am 27. Oktober gedenkt.

5

Die weiße Legende steht in augenfälligem Widerspruch zu dem, was von Pilatus in den außerbiblischen Quellen überliefert ist. Philo, der Pilatus im Zusammenhang mit einem von den Juden als Sakrileg empfundenen Akt (er hatte im Herodespalast vergoldete Schilde mit einer Widmung an Tiberius anbringen lassen) in der *Legatio ad Gaium* (§§ 299-305) erwähnt, beschreibt ihn als »unbeugsam, eigenwillig und unnachgiebig (*akamptos, authades, ameiliktos*)«. Kurz darauf, in einer Szene, in der Pilatus Ängste und Bedenken, wie sie auch in den Evangelien beschrieben werden, quälen, wird er als »gehässig und rachsüchtig« bezeichnet. Solche Charaktereigenschaften zeichnen den Protagonisten der schwarzen Pilatuslegende aus, die eigentümlicherweise mit der der Veronika verschränkt ist. Laut dieser Legende[9], in der Jesus und Veronika wegen ihrer Zaubermacht erscheinen, hörte der kranke Tiberius, dass in Jerusalem ein Arzt namens Jesus lebe, der jede nur erdenkliche Krankheit durch sein bloßes Wort heile (Bulgakow muss diese Version gekannt haben, da in seiner Erzählung Jesus von Pilatus beharrlich als Arzt bezeichnet wird). Er schickte seinen Diener Volusianus zu Pilatus, um ihm auszurichten, dass er Jesus finden und nach Rom bringen lassen solle. In Jerusalem angelangt, überbrachte Volusianus den Befehl des Kaisers. Pilatus geriet »in große Verlegenheit, weil er wusste, dass er Jesus aus Neid hatte töten lassen«, und antwortete, dass dieser Mensch ein Verbrecher gewesen sei und er ihn deshalb habe kreuzigen lassen. Auf dem Rückweg zu seiner Unterkunft begegnete Volusianus einer Frau namens Veronika, die er fragte, ob sie Jesus gekannt habe.

> »Die Frau sagte unter Tränen: ›Ach, er war mein Gott und mein Herr, den Pilatus zum Tode verurteilte und der Kreuzigung überantwortete‹. Darauf sagte er tief betrübt: ›Das bekümmert mich sehr, denn ich kann nicht erfüllen, was mir mein Herr aufgetragen hat.‹ Veronika antwortete ihm: ›Als mein Herr predigend umherzog und ich zu meinem großen Bedauern seiner Gegenwart beraubt war, da wollte ich mir sein Bild malen lassen, damit mir, wenn ich seiner Gegenwart beraubt war, wenigstens die Darstellung seines Bildes Trost spendete. Als ich nun das Leintuch zum Maler trug, begegnete mir mein Herr und fragte mich, wohin ich ginge. Und als ich ihm den Grund meines Weges eröffnete, bat er mich um das Tuch und gab es mir mit dem Bild seines ehrwürdigen Antlitzes verziert zurück. Wenn

> nun dein Herr dieses Bild andächtig betrachtete, würde er umgehend seine Gesundheit wiedererlangen.‹ Er fragte: ›Kann man dieses Bild für Gold und Silber erwerben?‹ Sie antwortete: ›Nein, aber mit frommer Andächtigkeit. Ich werde dich also begleiten und dem Kaiser das Bild zeigen; dann kehre ich mit dem Bild wieder heim.‹«[10]

Volusianus reiste mit Veronica nach Rom zurück und meldete Kaiser Tiberius, dass der Arzt Jesus von Pilatus und den Juden aus Neid einem unrechtmäßigen Tod überantwortet worden sei

> »›Doch mich begleitet eine Matrone, die sein Bild mitgebracht hat: Wenn du es andächtig betrachtest, gewinnst du umgehend das Wohl deiner Gesundheit zurück.‹ Da ließ der Kaiser den Weg mit seidenen Tüchern auslegen und befahl, ihm das Bild zu bringen; kaum, dass er es angeschaut hatte, war er wieder gesund.«

Nun ließ Tiberius Pilatus festnehmen und nach Rom bringen. Ehe er vor den wütenden Kaiser trat, kleidete sich Pilatus, den die Legende nur als Schurken kennt, in die »unvergängliche Tunika« Jesu, die er mit sich führte (wie die *tunica inconsutilis*, der »ungenähte Rock« aus Joh 19,23 in seine Hände geraten ist, erklärt die Legende nicht). Augenblicklich war die Wut des Tiberius verflogen und es gelang ihm nicht, seine Anschuldigungen vorzubringen. Zur allgemeinen Verwunderung wiederholte sich diese Szene einige Mal: War Pilatus fort, schien er ihm ein grausamer Verbrecher zu sein, war er da, hielt er ihn für einen milden und barmherzigen Menschen. Aus göttlicher Eingebung oder vielleicht doch auf Rat eines Christen befahl Tiberius schließlich, dass Pilatus die Tunika ausgezogen werde. Sofort war der Bann gelöst und der Kaiser, wieder Herr seiner selbst, ließ Pilatus ins Gefängnis bringen und verurteilte ihn zu einem schimpflichen Tod. Als er das Urteil vernahm, tötete sich Pilatus mit seinem Dolch. Danach wurde sein Leichnam an einen großen Mühlstein gebunden und in den Tiber geworfen, doch

> »böse und unreine Geister krochen aus der bösen und unreinen Leiche und begannen sich so wild im Wasser zu bewegen, dass die Atmosphäre von Blitz und Donner, Stürmen und verheerendem Hagelschlag erfüllt war, was alle in entsetzliche Angst versetzte«.

Die Legende klingt in einem Bericht aus, der die Irrfahrt der vom Teufel besessenen Leiche von Grab zu Grab beschreibt. Die Römer zogen sie aus dem Tiber, schafften sie zum Zeichen ihrer Verachtung nach Vienne und warfen sie in die Rhone. »Denn Vienne wird fast so ausgesprochen wie *via gehennae*, Weg der Hölle, weil es damals ein verfluchter Ort war.« Doch auch hier strömten die bösen Geister aus und verbreiteten dasselbe Unbehagen. Also brachte man die Leiche nach Lausanne, von wo aus sie, nach der obligatorischen Geisterstunde, schließlich in die Berge geschafft und in einem tiefen Brunnen versenkt wurde, aus dem, wie die Legende berichtet, »noch immer teuflische Machenschaften sprudeln«.[11]

6

Die Evangelisten, die bei dem Prozess gewiss nicht anwesend waren, kümmern sich nicht um den Nachweis ihrer Quellen, doch es ist gerade diese philologische Bedenkenlosigkeit, die der Erzählung ihren unverwechselbaren epischen Ton verleiht. Die Briefe und Legenden mit ihrem düsteren oder glorreichen Ausgang sind vermutlich erfunden worden, um den Prozess zu dokumentieren und das ambivalente Verhalten des Pilatus zu erklären: Weshalb der Präfekt Judäas mit allen Mitteln versucht, eine Verurteilung Jesu zu vermeiden (wie aus dem Brief an Tiberius hervorgeht, wusste er, dass Jesus nicht nur unschuldig war, sondern auch göttliche Wunder wirkte), aber auch, weshalb er unvermittelt den Juden nachgibt (in Wirklichkeit war er neidisch und feige). Doch wie rätselhaft Pilatus' Verhalten während des Gerichtsverfahrens auch erscheinen musste, ein Prozess vor dem Präfekten war unabdingbar.

Das griechische Wort für Gerichtsverfahren heißt *krisis* (von *krino*, das ursprünglich »trennen, entscheiden« bedeutet). Neben dieser rechtlichen Bedeutung hat das Wort noch eine medizinische (*kri-*

sis bezeichnet den Moment eines Krankheitsverlaufs, in dem der Arzt »entscheiden« muss, ob der Kranke sterben oder überleben wird) und eine theologische Bedeutung (das Jüngste Gericht: *en hemera kriseos*, »am Tag des Gerichts«, lautet die Warnung, die Jesus mehrmals ausspricht; bei Paulus: *en hemera hote crinei*, »am Tag, da Gott richten wird«, Röm 2,16).

In der Erzählung der Evangelisten taucht das Wort nicht auf. Der von ihnen verwendete Terminus technicus für das Richteramt ist *bema*, also der Stuhl oder das Podest, auf dem derjenige saß, der das Urteil verkündete (die *sella curulis* des römischen Magistrats). Bei der Urteilsverkündung sitzt Pilatus auf dem *bema*: »Pilatus führte Jesus heraus und setzte sich auf den Richtstuhl an der Stätte, die Lithostrotos heißt« (Joh 19,13); ebenso bei Mt 27,19: »als Pilatus auf dem *bema* saß (d.h. sein Richteramt ausübte; die Vulgata übersetzt *sedente pro tribunali*), ließ ihm seine Frau sagen [...]«. In der *Apostelgeschichte* (18,12) steht das Wort für das »Gericht« im Allgemeinen: »Die Juden empörten sich wider Paulus und brachten ihn vor Gericht (*eis to bema*)«. Und auch Paulus verwendet *bema* als Synekdoche für das Jüngste Gericht: »Denn wir müssen alle offenbar werden vor dem *bema* Christi« (2 Kor 5,10). Das Gericht Gottes wird jedoch ausdrücklich dem der Menschen entgegengesetzt, die einander nicht richten sollen: »Du aber, was richtest du (*ti krineis*) deinen Bruder? [...] Wir werden doch alle vor dem *bema* Gottes stehen« (Röm 14,10).

In der von Pilatus geleiteten Gerichtsverhandlung stehen sich zwei *bemata*, zwei Gerichte und zwei Reiche gegenüber: das menschliche und das göttliche, das zeitliche und das ewige. Spengler beschreibt diesen Gegensatz mit der ihm eigenen Lebendigkeit: »Als Jesus vor Pilatus geführt wurde, da traten sich die Welt der Tatsachen und die der Wahrheiten unvermittelt und unversöhnlich gegenüber, in so erschreckender Deutlichkeit und Wucht der Symbolik wie in keiner zweiten Szene der gesamten Weltgeschichte.«[12] In dieser Szene hat die Welt der Tatsachen über die der Wahrheit zu richten, das irdische Reich über das ewige ein Urteil zu sprechen. Umso wichtiger ist die sorgfältige Würdigung jedes Details im Verlauf dieser entscheidenden Konfrontation, dieser historischen *krisis*, die in gewissem Sinne immerfort stattfindet.

7

Da die Erzählung des Johannes viel umfassender und eingehender als die der Synoptiker ist, scheint sie unabhängig von diesen entstanden zu sein. Die Dialoge zwischen Pilatus und Jesus, die die Synoptiker in wenigen Worten zusammenfassen, erhalten bei Johannes eine in jedem Sinn entscheidende Dichte und Bedeutung. Er unterteilt die Erzählung in sieben Szenen, die immer mit einem Ortswechsel einhergehen, sich mal im, mal vor dem Prätorium abspielen und jeweils (bis auf die fünfte Szene) durch eine stereotype Formel eingeleitet werden: »Pilatus kam heraus (*exelthen*)«, »ging wieder hinein (*eiselthen palin*)«, »ging wieder hinaus (*exelthen palin*)«. Ferner wissen wir, wie lange das Drama dauerte: fünf Stunden, vom frühen Morgen (*proi*, Joh 18,28) bis zur sechsten Stunde (ebd., 19,14).

I) (DRAUSSEN) Da die Priester, die Jesus zum Prätorium gebracht haben, aus Angst vor dem Ostermahl unrein zu werden, nicht eintreten wollen, geht Pilatus in der ersten Szene heraus (*exelthen* […] *exo*) und fragt: »Welche Anklage (*kategorian*) erhebt ihr gegen diesen Menschen?«

Die Frage entspricht dem Ablauf des römischen Gerichtsverfahrens, das mit der Eintragung der Klage – die genau definiert sein musste und nicht verleumderisch sein durfte – beginnt. Die Juden formulieren jedoch keine konkrete Anklage, sondern geben lediglich eine vage Erklärung ab: »Wäre dieser nicht ein Übeltäter, wir hätten ihn dir nicht ausgeliefert (*paredokamen*)«. Wenn Pilatus nun die Juden auffordert, den Angeklagten wieder mitzunehmen und ihn »nach eurem Gesetz (*kata ton nomon hymon*)« zu richten, folgt er noch immer der Verfahrenslogik: Da die Anklage nicht der Form entspricht, kann das römische Recht nicht angewendet werden. Die Erwiderung der Juden (»Wir dürfen niemand töten«) markiert eine Wende im Verhalten des Pilatus. Johannes' Kommentar (dass die Juden dies gesagt hätten, damit »das Wort Jesu erfüllt würde, mit dem er angedeutet hatte, auf welche Weise er sterben werde«) bezieht sich gewiss nicht auf Pilatus, dennoch scheint der Präfekt die Erwiderung der Juden als eine Anklage wegen Majestätsverbrechens zu interpretieren. Denn laut den Digesten »ist das Majestätsverbrechen (*maiestatis crimen*) dasjenige, welches gegen das römische Volk oder seine Sicherheit begangen wird (D 48.4.1.1)«. Die Strafen, die die *Lex Julia maiestatis* von 46 v. Chr. für dieses Verbrechen vorsah, waren, dem sozialen Status des Verurteilten entsprechend, die Kreuzigung, der Tod durch wilde Tiere (*dam-*

natio ad bestias) oder die Verbannung. Wie dem auch sei, Pilatus beschließt, Jesus zu verhören.

II) (DRINNEN) Pilatus und Jesus treffen erstmals aufeinander.

> »Da ging Pilatus wieder hinein (*eiselthen palin*) ins Prätorium, ließ Jesus rufen und fragte ihn: ›Bist du der Juden König?‹ Jesus antwortete: ›Sagst du das von dir aus, oder haben es dir andere über mich gesagt?‹ Pilatus entgegnete: ›Bin ich denn ein Jude? Dein Volk (*to ethnos to son*) und die Hohepriester haben dich an mich ausgeliefert. Was hast du getan?‹«

Hier taucht das Syntagma »König der Juden« (*basileus ton Ioudaion*) erstmals auf. Im weiteren Verlauf des Prozesses wird es noch von entscheidender Bedeutung sein. Aus Jesu Antwort geht hervor, dass er mit dieser Frage nicht gerechnet hat: Denn was kümmert einen römischen Präfekten ein innerjüdisches Problem wie die Messias-Erwartung? Pilatus scheint Gedanken lesen zu können: »Bin ich denn ein Jude?«

Hier nun beginnt jener Dialog über das Reich und die Wahrheit, über den unzählige Seiten geschrieben worden sind. Jesus antwortet nicht auf die Frage: »Was hast du getan?«, sondern auf die vorangegangene:

»Mein Reich ist nicht von dieser Welt (*He basileia he eme ouk estin ek tou kosmou toutou*). Wäre mein Reich von dieser Welt, meine Diener würden kämpfen, dass ich den Juden nicht ausgeliefert würde. Aber mein Reich ist nicht von hier.«

Die Antwort ist zweideutig, weil sie das Königtum abstreitet und zugleich behauptet. Diese Zweideutigkeit heben die Kommentare der Alten von Augustinus und Chrysostomus bis Thomas einmütig hervor. Laut Augustinus habe Jesus nicht gesagt, »ist nicht *in* dieser Welt (*non est in hoc mundo*)«, sondern »ist nicht *von* dieser Welt (*de hoc mundo*)«; und Chrysostomus erklärt: »›Mein Reich ist nicht von dieser Welt‹ bedeutet, dass es nicht aus irdischen Ursachen und der Wahl der Menschen hervorgeht, sondern von anderswoher kommt, nämlich vom Vater.« Thomas schließlich: »Wenn er sagt, sein Reich sei nicht hier, meint er, dass es seinen Ursprung nicht in dieser Welt habe, und dennoch hier sei, weil es überall ist (*est tamen hic, quia ubique est*).«

Pilatus erwidert demnach zu Recht: »Also bist du doch ein König (*oukoun basileus ei sy*)?« Mit seiner Antwort wechselt Jesus unvermittelt den Gesprächsgegenstand, spricht nicht mehr vom Reich, sondern von der Wahrheit:

»Du sagst es, ich bin ein König (*sy legeis hoti basileus eimi ego*). Ich bin dazu geboren und dazu in die Welt gekommen, dass ich für die Wahrheit zeuge (*hina martyreso tei aletheiai*). Wer aus der Wahrheit ist (*ek tes aletheias*), hört meine Stimme.«

Hier nun sagt Pilatus, was in Nietzsches Augen »die grösste Urbanität aller Zeiten« ist: »Was ist Wahrheit (*ti estin aletheia*)?«

Allerdings muss Pilatus' Frage nicht notwendigerweise, wie es gewöhnlich der Fall ist, als ironischer Ausdruck des Skeptizismus (in diesem Sinne setzt Spengler die »Tatsachen«, deren Verfechter Pilatus ist, der von Jesus repräsentierten Wahrheit entgegen) oder gar als Spott (der »vornehme Hohn«, mit dem laut Nietzsche ein »Römer« das Neue Testament vernichtet habe – *Antichrist,* § 46) verstanden werden. Noch bildet sie zwangsläufig einen »Fremdkörper«[13] in ihrem Kontext, der – was man nicht vergessen sollte – ein Gerichtsverfahren ist. Wie Thomas in seinem Kommentar sagt, möchte Pilatus, nachdem geklärt ist, dass das Reich Jesu nicht diese Welt betrifft, die Wahrheit wissen und Aufklärung erhalten über das Reich, für das der Angeklagte zeugt (*cupit veritatem scire ac effici de regno eius*): Seine Frage bezieht sich nicht auf die Wahrheit im Allgemeinen (*non quaerens quid sit definitio veritatis*), sondern auf die besondere Wahrheit, die Jesus zu kennen scheint, ihm aber verschlossen ist. Vielleicht stehen sich hier also nicht Wahrheit und Skeptizismus, Glaube und Ungläubigkeit gegenüber, sondern zwei verschiedene Wahrheiten, oder besser zwei verschiedene Wahrheitsverständnisse. Im Nikodemusevangelium fährt die Befragung mit Jesu Antwort (»Die Wahrheit stammt vom Himmel«) und einer weiteren Frage des Pilatus (»Gibt es auf Erden keine Wahrheit?«) fort. Mit der Antwort Jesu endet die Vernehmung: »Du siehst doch, wie die, welche die Wahrheit sagen, von den irdischen Machthabern gerichtet werden.«[14] Weltliches Gericht und Zeugnis für die Wahrheit sind nicht in Einklang zu bringen.

III) (DRAUSSEN) Pilatus geht nun wieder hinaus (*palin exelthe*) aus dem Prätorium. Man hört immer wieder, Pilatus habe von Jesus gar keine Antwort auf seine Frage erwartet (von Bacon stammt die ironische Bemerkung: »What is truth?, said jesting Pilatus and would not stay for an answer«; und schon Thomas schreibt, dass er *responsionem non expectavit*). Seine plötzliche Entscheidung erklärt sich jedoch aus seiner Ansprache an die Juden: »Ich finde keine Schuld an ihm. Ihr habt aber eine Gewohnheit, dass ich euch einen auf Ostern losgebe. Wollt ihr nun, dass ich euch der Juden König losgebe?« Da Pilatus den Angeklagten für unschuldig befunden hat, hätte er ihn freisprechen (die im römischen Prozess vorgesehene Formel war *absolvo* oder *videtur non fecis-*

se) oder den Prozess aussetzen und eine zusätzliche Untersuchung verlangen müssen (die dafür vorgesehene Formel lautete: *non liquet* oder *amplius est cognoscendum*). Er aber glaubt, den Fall mithilfe der Osteramnestie lösen zu können. Auffällig ist, dass Pilatus während des gesamten Prozesses mit allen Mitteln versucht, einen Urteilsspruch zu vermeiden. Auch als der Präfekt schließlich dem ungestümen Drängen der Juden nachgibt, verkündet er, wie wir sehen werden, kein Urteil. Er belässt es dabei, den Angeklagten den Juden »auszuliefern« (*paredoken*).

Die Juden vereiteln seine Absicht, denn sie schreien: »Nicht diesen, sondern Barabbas« (wie Mk 15,7 zu entnehmen ist, war Barabbas, wörtlich »Sohn des Vaters«, ein Aufrührer und Mörder). (An dieser Stelle folgt in der Erzählung des Matthäus – Mt 27,24 – die Episode der Handwaschung, die Johannes mit keinem Wort erwähnt: »Als Pilatus sah, dass er nichts erreichte, sondern dass der Tumult immer größer wurde, ließ er Wasser bringen, wusch sich vor allen Leuten die Hände und sagte: ›Ich bin unschuldig am Blut dieses Menschen.‹«)

IV) (DRINNEN) Zurück im Prätorium – was zwar nicht ausdrücklich gesagt wird, aber aus der folgenden Passage zweifelsfrei hervorgeht – unternimmt Pilatus einen letzten Versuch.

»Da nahm er Jesus und ließ ihn geißeln. Die Soldaten flochten eine Dornenkrone, setzten sie ihm auf sein Haupt und legten ihm einen Purpurmantel an; Sie stellten sich vor ihn hin und sagten: ›Heil dir, König der Juden!‹ und schlugen ihm ins Gesicht.«

Die Geißelung war eine der Kreuzigung vorausgehende Nebenstrafe: Pilatus hingegen bedient sich ihrer recht unkonventionell – doch wahrscheinlich im Rahmen seiner Ermessensbefugnis (vgl. *Dig.* 48.2.6) – als Strafe für ein nicht näher bestimmtes Bagatelldelikt. Der Bericht des Lukas lässt daran keinen Zweifel: »Ich habe nichts feststellen können, wofür er den Tod verdient. Ich will ihn züchtigen lassen und dann werde ich ihn freilassen.« (Lk 23,22).

V) (DRAUSSEN) Ein weiterer Ortswechsel:

»Pilatus ging wieder hinaus und sagte zu ihnen: ›Seht, ich führe ihn heraus, dass ihr wisst, dass ich keine Schuld an ihm finde.‹ Also ging Jesus hinaus und trug die Dornenkrone und den Purpurmantel. Pilatus sagte zu ihnen: ›Seht, der Mensch (*idou ho anthropos*, Vulg. *ecce homo*).‹ Als die Hohepriester und ihre Diener ihn sahen, schrien sie: ›Kreuzige! Kreuzige!‹ Pilatus sagte zu ihnen: ›Nehmt ihr ihn und kreuzigt ihn! Denn ich finde keine Schuld an ihm.‹ Die Juden entgegneten ihm: ›Wir haben ein Gesetz, und nach diesem Gesetz muss er sterben, denn er hat sich zu Gottes Sohn gemacht.‹«

Das Verbrechen, auf das bei den Juden gemäß Lev 24,16 die Todesstrafe stand, ist bereits in Joh 5,18 erwähnt worden (»Darum waren die Juden darauf aus, ihn zu töten, weil er nicht nur den Sabbat brach, sondern auch Gott seinen Vater nannte und sich damit Gott gleichstellte.«). Jesus hatte sich mit folgenden Worten verteidigt:

> »Dem, den der Vater geheiligt und in die Welt gesandt hat, sagt ihr: ›Du lästerst Gott‹, weil ich gesagt habe: ›Ich bin Gottes Sohn.‹ Wenn ich nicht die Werke meines Vaters vollbringe, dann glaubt mir nicht. Aber wenn ich sie vollbringe, dann glaubt wenigstens den Werken, wenn ihr mir nicht glaubt. Dann werdet ihr erkennen und einsehen, dass in mir der Vater ist und ich im Vater bin.« (Joh 10,36-38).

VI) (DRINNEN) Nun beginnt das Verhalten des Pilatus – zumindest dem Anschein nach – immer widersprüchlicher zu werden.

> »Als Pilatus diese Worte hörte, wurde er noch ängstlicher. Er ging wieder hinein (*eiselthen*) in das Prätorium und sprach zu Jesus: ›Von wo-

> her bist du (*pothen ei sy*)?‹ Jesus gab ihm keine Antwort. Da sagte Pilatus zu ihm: ›Du sprichst nicht mit mir? Weißt du nicht, dass ich Macht (*exousian*) habe, dich freizulassen, und Macht, dich zu kreuzigen?‹ Jesus antwortete: ›Du hättest keine Macht über mich, wenn sie dir nicht von oben (*anothen*) gegeben wäre. Darum liegt größere Schuld bei dem, der mich dir ausgeliefert hat (*ho paradous*).‹«

Die Frage »von wo« bezieht sich allem Anschein nach auf den früheren Dialog, in dem Jesus sagte, sein Reich sei nicht »von (*ek*) dieser Welt« und von demjenigen sprach, »der ›aus der Wahrheit‹ ist«. Trotz des vermeintlichen Wankelmuts folgen Pilatus' Fragen also weiterhin der Logik der Wahrheitsfindung. Die Antwort Jesu, dass auch die Autorität des Pilatus »von oben« stamme, scheint den Präfekten endgültig von dessen Unschuld überzeugt zu haben, denn »daraufhin wollte Pilatus ihn freilassen. Aber die Juden schrien: ›Wenn du ihn freilässt, bist du kein Freund des Kaisers; jeder, der sich als König ausgibt, lehnt sich gegen den Kaiser auf.‹«

VII) (DRAUSSEN) Letzte Szene, im Freien:

> »Als Pilatus diese Worte hörte, ließ er Jesus herausführen (*egagen exo*) und setzte sich auf den Richtstuhl (*ekathisen epi bematos*) an dem Platz,

der Lithostrotos (»Steinpflaster«) heißt, auf Hebräisch aber *Gabbata*. Es war der Rüsttag auf Ostern, um die sechste Stunde. Pilatus sagte zu den Juden: ›Seht, euer König!‹ Sie aber schrien: ›Weg, weg mit dem! Kreuzige ihn!‹ Pilatus sagte zu ihnen: ›Euren König soll ich kreuzigen?‹ Die Hohepriester antworteten: ›Wir haben keinen König außer dem Kaiser.‹ Da überantwortete (*paredoken*) er ihn, damit er gekreuzigt würde.«

Dass sich Pilatus erst jetzt auf den Richtstuhl setzt, ist, wie Bickerman zu Recht bemerkt, für den Status der vorangegangenen Befragung von entscheidender Bedeutung – als privates Gespräch entbehrt sie jeglicher strafrechtlichen Relevanz: »Gemäß den unabänderlichen Regeln des römischen Prozessrechts durfte über Kapitalverbrechen, wie dasjenige, dessen Jesus beschuldigt wurde, nur *pro tribunali* gerichtet werden. [...] Pilatus handelt hier als Vermittler, Schlichter, nicht als Richter.«[15]

Es ist gewiss kein Zufall, dass Pilatus just in dem Moment, in dem er seinen Widerstand aufgibt, die Frage nach dem Königtum Jesu von neuem stellt. Denn das Synedrion, der Hohe Rat der Juden beschuldigt Jesus ja gerade der messianischen Anmaßung der Königswürde, die von den Juden zwar bestritten, von Pilatus jedoch erneut thematisiert wird. Die Frage, ob das Reich Jesu irdisch oder himmlisch ist, bleibt bis zum Schluss unentschieden. Eben deshalb lässt sich Pilatus von der abschließenden Begründung der Sanhedrin (»Wir haben keinen König außer dem Kaiser«) dazu bewegen, Jesus auszuliefern.

Mit der Inschrift (*titulus*), die Pilatus am Kreuz anbringen lässt, meldet sich die Frage des Königtums noch einmal mit aller Entschiedenheit zurück: »Jesus von Nazaret, der König der Juden« (Joh 19,19). Indem sie den Grund seiner Verurteilung nennt (Mt 27,37), bestätigt sie sein Königtum. In seinem Johanneskommentar wird Bonaventura den *titulus*, der bei Hinrichtungen das Verbrechen angeben musste, das mit dem Tod bestraft wurde, in die Nähe des Ehrenzeichens rücken, das die Siege des triumphierenden *imperator* aufzählt. Er versteht ihn als *titulus triumphans*, »weil er zur Ehre Christi und zur Schande der Juden gereicht, denn als Übeltäter ist er verurteilt worden, obgleich er keiner war, sondern König« (*In Ev. Johan.* XIX,31). Noch willkürlicher verfährt Kyrill von Alexandrien, wenn er den *titulus* mit dem »Schuldschein« gleichsetzt, von dem Paulus sagt (Kol 2,14-15), dass ihn »der Herr ans Kreuz heftete, als er über die irdischen Gewalten triumphierte und sie sich unterwarf« (*In Ev. Johan.* XII,19,19).

Den Sanhedrin entgeht die Zweideutigkeit der Inschrift nicht. Sie fordern Pilatus auf, sie zu ändern:

»Schreib nicht: ›Der König der Juden‹, sondern dass er gesagt habe: ›Ich bin der König der Juden‹.« Pilatus antwortet mit seinem zweiten legendären Spruch, der den ebenso berühmten über die Wahrheit und mit ihm die vorausgegangenen Winkelzüge und allen vermeintlichen Skeptizismus zu widerrufen scheint: »Was ich geschrieben habe, das habe ich geschrieben« (Joh 19, 21-22).

8

Während des gesamten Prozessberichts kehrt nicht nur bei Johannes ein Verb so beharrlich wieder, dass seine Häufung nicht dem Zufall geschuldet sein kann: *paredoken* (»auslieferte«, Vulg. *tradidit*), im Plural *paredokan* (»auslieferten«, Vulg. *tradiderunt*). Allem Anschein nach geht es bei der Leidensgeschichte Jesu um nichts anderes als eine »Auslieferung«, eine »Tradition« im eigentlichen Sinn des Wortes. Zu diesem Zweck werden alle Formen des Verbs *paradidomi* aufgeboten. Den ersten Akt dieser Auslieferung bildet die Szene, in der Judas mit seinem Kuss Jesus den Juden ausliefert (Mk 14,10). Die Abfolge der Verbformen in der Vulgata (Mt 27,1-3) gemahnen an eine Alliteration, ja einen Binnenreim: *ut eum morti traderent* [...] *et tradiderunt Pontio Pilato* [...] *Judas qui eum tradidit*. In den Evangelien ist Judas »derjenige, der ausliefert«, der »Verräter« par excellence (*ho paradidous*, Vulg. *qui tradebat eum*, Joh 18,5); so auch bei Mk 3,19: »Judas Iskariot, der ihn dann ausgeliefert hat (*hos kai paredoken auton*)« und bei Mt 10,4: »welcher ihn auslieferte (*ho kai paradous auton*).«

Die Juden wiederum »liefern« Jesus Pilatus »aus«: »Wäre dieser nicht ein Übeltäter, wir hätten ihn dir nicht ausgeliefert« (vgl. auch Mk 15,1; Mt 27,2) und am Ende des Prozesses liefert Pilatus Jesus den Juden aus, damit sie ihn kreuzigen.

Karl Barth hat darauf hingewiesen, dass die »Auslieferung« in Wahrheit eine theologische Bedeutung hat. Denn der irdischen »Auslieferung« Jesu geht eine himmlische voraus, die Paulus so zusammenfasst: »Gott hat seinen eigenen Sohn nicht verschont, sondern ihn für uns alle hingegeben (*paredoken*)« (Röm 8,32). Und Jesus lässt keinen Zweifel daran, dass er sich dessen bewusst ist: »Der Menschensohn wird den Menschen ausgeliefert (*paradidotai*) und sie werden ihn töten« (Mk 9,31); »Gott hat die Welt so sehr geliebt, dass er seinen eingeborenen Sohn hingab (*edoken*), damit jeder, der an ihn glaubt, nicht zugrunde geht« (Joh 3,16). Aus theologischer Perspektive erscheint die irdische »Auslieferung« – der »Verrat« – durch Judas, später durch die Juden und durch Pilatus als Vollstreckung der göttlichen »Auslieferung«. »Es ist darum das Tun des Judas sicher nicht als ein ärgerlicher Zwischenfall und noch weniger als die Manifestation eines finsteren Bereiches außerhalb des Willens und Werkes Gottes, sondern durchaus als ein Element des göttlichen Willens und Werkes zu verstehen. Judas tut mit dem, was er will und vollbringt, was Gott getan haben will. Schon er – und nicht erst Pilatus – ist ein *executor Novi Testamenti.*«[16]

Folglich gehorcht das Passionsdrama, das Johannes so detailreich schildert, einem von einem gottgewollten, von den Theologen »Heilsökonomie« genannten Plan seit jeher festgelegten Drehbuch: Die Akteure dieses Dramas spielen lediglich die ihnen zugedachte Rolle. Auch die letzte Szene dieses Dramas ist eine Auslieferung: der Augenblick, in dem Jesus »den Geist aufgab (*paredoken to pneuma*, vulg. *tradidit spiritum*)« (Joh 19,30).

9

Das Wort *paradosis*, »Auslieferung«, wird im Neuen Testament in der übertragenen Bedeutung von überlieferter Lehre verwendet. In diesem Sinne benutzt es Jesus, als er die mündliche Tradition der Juden kritisiert. Den Pharisäern, die ihn fragen, weshalb sich seine Jünger »nicht an die Überlieferung der Alten halten (*kata ten paradosin ton presbyteron*)«, antwortet er erzürnt: »Ihr gebt Gottes Gebot (*ten entolen*) preis und haltet euch an die Überlieferung (*ten paradosin*) der Menschen« (Mk 7,8). Und kurz darauf: »Ihr setzt Gottes Wort mit der Überlieferung, die euch überliefert worden ist (*tei paradosei he paredokate*) außer Kraft« (Mk 7,13). Die Entgegensetzung von *entole* und *paradosis*, göttlichem Gebot und menschlicher Überlieferung, findet sich auch bei Mt 15,3.

Dieser negativen Bewertung des Wortes entspricht die messianische Bedeutung der »Auslieferung« in der Leidensgeschichte Jesu. Abgesehen von den Anweisungen für das tägliche Leben, auf die sich Paulus bezieht, wenn er die Korinther ermahnt, »an den Überlieferungen (*paradoseis*) festzuhalten, wie ich sie euch übergeben habe (*paredoka*)« (1 Kor

11,2), gibt es nur eine wahrhaft christliche Tradition: die der »Auslieferung« Jesu – zunächst durch den Vater, dann durch Judas und die Juden – ans Kreuz, die alle Überlieferungen verwirklicht und aufhebt.

10

Folgt man Barth, steht auch die Pilatusepisode in diesem »Überlieferungs«-Zusammenhang. Allerdings spricht einiges dagegen, in dem Präfekten Judäas lediglich einen »Vollstrecker« zu sehen. Wäre er wie Judas bloß *executor*, warum hat er es dann nicht dabei belassen, die Entscheidung des Hohen Rates zu bestätigen? Warum hat er einen Prozess (oder das Simulakrum eines Prozesses) inszeniert und weshalb die Winkelzüge, die Ausflüchte, die Erklärungen, den Angeklagten für unschuldig zu halten? Und wie steht es um den Traum seiner Frau, den Luther meinte, nicht anders erklären zu können, denn als Versuch des Teufels, die Kreuzigung zu verhindern? Lässt er sich mit der göttlichen Ökonomie in Einklang bringen? Dass das Verhalten des Pilatus andere Ursachen hat als das des Judas, geht zweifelsfrei daraus hervor, dass Jesus zu Judas sagt: »Was du tun musst, das tu bald« (Joh 13,27), während er sich mit Pilatus auf ein längeres Gespräch einlässt und ihn bis zuletzt von seiner Unschuld zu überzeugen versucht. Der Präfekt von Judäa und die *krisis*, das Urteil, das er verkünden muss, fügen sich in die Heilsökonomie nicht als passives Werkzeug ein, sondern als die reale Gestalt eines historischen Dramas samt ihrer Leidenschaften und Zweifel, ihrer Launen und ihrer Bedenken. Pilatus' Prozess ist der Einbruch der Geschichte in die Ökonomie, deren »Überlieferung« er unterbricht. Die historische *krisis* ist auch und gerade eine Krise der »Tradition«.

Zumindest in diesem Fall muss die christliche Auffassung der Geschichte als Vollzug der göttlichen Heilsökonomie – oder, in ihrer säkularisierten Version, als Realisierung immanenter, unwandelbarer Gesetze – revidiert werden. Als römischer Magistrat muss Pilatus sein Richteramt ausüben und er tut dies auf seine Weise, ohne der Ökonomie der »Auslieferung« Rechnung zu tragen, von der er nichts weiß und der er sich schließlich nur deshalb beugt, weil er zu der Überzeugung gelangt ist, dass ein König der Juden in jedem Fall ein politisches Problem darstellt. Gewiss kann er verstehen, dass es – zumindest für den jungen Juden, den er vor sich hat – eine Ebene gibt, die die Geschichte übersteigt (sonst hätte er auf die Erklärung Jesu, dass sein Reich nicht von dieser Welt sei, nicht erwidert: »Also bist du doch ein König«); gleichwohl weiß er, dass er als Präfekt von Judäa auch über diese Ebene richten muss, da sie handfeste Folgen hervorrufen kann, ja bereits hervorgerufen hat (den Aufruhr unter den Juden, wie er sich in der aufgebrachten Menge vor dem Prätorium manifestiert). Der

Repräsentant des irdischen Reichs ist befugt, das »Reich, das nicht von hier ist« zu richten, und – was nicht vergessen werden darf – Jesus erkennt diese ihm »von oben« gegebene Vollmacht an. Ob er dies, wie Pascal meint, deshalb tut, um das Ausmaß der Schimpflichkeit zu steigern (»Jesus Christus wollte nicht getötet sein ohne die gesetzlichen Formen, denn es ist viel schimpflicher, durch das Gericht zu sterben, als in ungerechtem Aufruhr«[17]) oder aus einem anderen Grund, sicher ist, dass sich Jesus der Verurteilung nicht entziehen wollte.

11

Das Gerichtsverfahren, das Pilatus abhält, ist jedoch gar kein Prozess im eigentlichen Sinne. Die Rechtshistoriker haben versucht, den Prozess Jesu vom Standpunkt des römischen Rechts aus zu beurteilen. Es überrascht nicht, dass sie zu unterschiedlichen Ergebnissen kommen. Wenn jeder Prozess, wie der große Jurist Salvatore Satta geschrieben hat, ein »Geheimnis« ist, dann treten die Widersprüchlichkeiten dieses Geheimnisses hier besonders deutlich zutage. Allgemeines Einvernehmen herrscht über die Befugnis des römischen Prokurators, ein Verbrechen zu richten, das die Sicherheit Roms bedroht und darüber, dass die *lex Julia* in diesem Fall angewendet werden kann. Wie zwei Stellen bei Flavius Josephus zu bestätigen scheinen, war Pilatus zudem mit dem *ius gladii* ausgestattet, also mit dem Recht, die Todesstrafe zu verhängen, die die Juden für Jesus forderten.

Hinsichtlich der Vorschriftsmäßigkeit des Verfahrens gehen die Meinungen jedoch auseinander. Einige kommen zu dem Schluss, dass nicht einmal die einfachsten Formen des römischen Gerichtsverfahrens beobachtet wurden: nicht die Anklageschrift und die genaue Festlegung der Anklage, nicht die Feststellung einer Tatsache, nicht die Verkündung eines eindeutigen Urteils. Vom Standpunkt des Rechts aus wurde »Jesus von Nazareth [...] nicht verurteilt, sondern getötet; seine Hinrichtung war keine Ungerechtigkeit, sondern Mord«.[18] Andere halten dem entgegen, dass das römische Recht nur für römische Bürger galt: Auf einen Nicht-Bürger wie Jesus habe der Landpfleger nicht die *iurisdictio*, sondern die *coercitio* angewendet, zumal in den Provinzen zwischen ordentlichem Verfahren und *cognitio extra ordinem*, die nicht an die Regeln des Formularprozesses gebunden war, nicht klar unterschieden wurde.[19]

Ein hervorragender Kenner nicht nur der römischen, sondern auch der jüdischen Rechtstradition hat die Schwierigkeit, ein einheitliches Bild des Prozessverlaufs zu zeichnen, damit erklärt, dass die Gelehrten versuchen, die Berichte der Evangelisten, deren Darstellungen der Leidensgeschichte offensichtlich aus theologischen Gründen voneinander abweichen, zu einem in sich geschlossenen Verfahren zusammenzusetzen.[20] Wahrscheinlich ist es einer derartigen perspektivischen Verzerrung geschuldet, dass ein Historiker des römischen Rechts von unzweifelhafter Kompetenz wie Pietro De Francisci glaubte, dem Prozess Jesu jede Berechtigung absprechen zu können. So habe es Vorschriften gegeben, die dem Magistrat nicht nur untersagten, sich von *voces populi* beeinflussen zu lassen, sondern ihn anwiesen, jene hart zu bestrafen, die einen Aufruhr anzettelten, was offensichtlich nicht Jesus, sondern die Sanhedrin taten. Folglich habe Pilatus aus Mangel an Mut »die Rechtsnormen nicht beachtet, die anzuwenden seine Pflicht gewesen wäre; er hat seine Autorität untergraben, weil er den aufwieglerischen Aufruhr nicht niedergeschlagen hat; und er hat sich vom Recht abgewendet, weil er einen Mann, den er für unschuldig hielt, der planvollen Rache seiner erklärten Feinde überlassen hat«.[21]

(Zu einem ähnlichen Ergebnis muss Dante gekommen sein, der Pilatus, ohne seinen Namen zu nennen, im dritten Gesang des *Inferno* (III,60) zu den Trägen zählt, zumindest wenn Pascolis einleuchtende Vermutung zutrifft, dass mit dem, der »sich aus Feigheit verweigerte [*colui che fece per viltade il gran rifiuto*]«, nicht Coelestin V., sondern Pilatus gemeint ist, der sich aus Feigherzigkeit weigerte, seine richterliche Autorität auszuüben).

12

Die jeder Interpretation der heiligen Texte innewohnende Zweideutigkeit tritt hier in aller Deutlichkeit zutage. Müssen die Evangelien als historische Dokumente betrachtet werden oder geht es in ihnen vor allem um genuin theologische Probleme? Schon der Heide Porphyrius bemerkte, dass »die Evangelisten nicht Historiker (*historas*, »Zeugen«), sondern Erfinder (*epheurotas*) der Begebenheiten des Lebens Jesu waren. Was sie schreiben, widerspricht sich und stimmt nicht mit dem von den anderen Berichteten überein, speziell in der Leidensgeschichte«.[22]

Auch in Bezug auf Pilatus gehen die Deutungen nahtlos von einer Ebene zur anderen über, von der historischen Persönlichkeit zur theologischen »Figur«, von der rechtlichen Hermeneutik zur Heilsökonomie, von leeren Worthülsen zu den Abgründen der Psychologie. Eine Ebene dient zur Erklärung der anderen, die Feigheit, die Trägheit oder der Neid müssen alles erklären, was auf der Ebene der gottgewollten Ökonomie keinen Sinn ergibt: das Zögern, die Fehler und das schließliche Nachgeben. So bezeichnet ein Autor seine von der Prozessordnung nicht vorgesehenen Verhandlungen mit den Sanhedrin als »unverzeihliche[n] taktische[n] Fehler«, der »ihn in eine Lage hineinmanövriert [hat], der er nicht mehr gewachsen war«.[23] Einen anderen befremdet es, dass Pilatus nicht das ihm nach römischem Verfahrensrecht zustehende Mittel einer Vertagung des Streitfalls angewendet habe.

Wir werden uns hingegen an den hermeneutischen Grundsatz halten, dass Pilatus nur als historische Persönlichkeit eine theologische Funktion hat, und er umgekehrt nur deshalb eine historische Persönlichkeit ist, weil er eine theologische Funktion erfüllt. Historische Persönlichkeit und theologische Figur, juristischer Prozess und eschatologische Krise fallen restlos zusammen: Und nur in dieser Koinzidenz, nur in diesem »Zusammenfall« sind sie wahr.

13

Hier nun wird es kompliziert. Die Übersetzung der letzten Szene des Prozesses lautet üblicherweise: »Pilatus führte Jesus heraus und setzte sich auf den Richtstuhl (*ekathisen epi tou bematos,* vulg. *sedit pro tribunali*).« Es gibt jedoch eine exegetische Tradition, die sich auf die Autorität Justins (*Apol.* 1, XXXV,6) und, unter den Modernen, auf die Harnacks und Dibelius' berufen kann, die *ekathisen* als transitives Verb versteht: »Er führte Jesus heraus und setzte ihn auf den Richtstuhl.« Auch das *Evangelium Petri* (3,7) berichtet, dass »die Juden ihm ein Purpurgewand umlegten und ihn auf den Richtstuhl setzten (*ekathisan auton epi tou bematos kriseos*) und sprachen: ›Richte gerecht, o König Israels (*dikaios krine, basileu tou Israel*)‹«. Der Einwand, dass ein transitives Verb ein Akkusativobjekt verlangt, ist schnell entkräftet, da sich *ekatisen* ohne weiteres auf den unmittelbar zuvor genannten »Jesus (*Iesoun*)« beziehen kann. Dass Jesus auf dem *bema* sitzt, stimmt auch mit den Erzählungen des Markus und des Matthäus überein, denen zufolge Jesus vor der Kreuzigung ein Purpurmantel umgelegt und ein Rohr als Zepter gegeben wird, um ihm als König der Juden zu huldigen. Auch bei Justin fordern die Juden, nachdem sie ihn auf den *bema* gesetzt haben, Jesus höhnisch dazu auf, das einem König zustehende Richteramt auszuüben: »Richte uns!« Und dass Pilatus nicht auf dem Stuhl sitzt, ist insofern konsequent, als er kein Urteil verkündet, sondern Jesus lediglich »ausliefert«. Träfe dies zu, dann entbehrte nicht nur – wie Bickerman angemerkt hat – das Gespräch der vorangegangenen fünf Stunden, sondern auch das, was in der sechsten Stunde geschieht, jeder strafrechtlichen Geltung.

Tatsächlich stehen sich zwei Prozesse gegenüber, die nicht zum Abschluss kommen. Es ist nicht einmal klar, wer eigentlich Gericht hält, der von der weltlichen Macht rechtmäßig eingesetzte Richter oder der Richter aus Hohn, der das Reich vertritt, das nicht von dieser Welt ist. Womöglich spricht keiner der beiden ein Urteil im eigentlichen Sinn.

14

Dass Jesus nicht derjenige ist, der richtet, folgt nicht nur daraus, dass er der Angeklagte ist, sondern auch aus seinen Worten. Die radikale Kritik allen Richtens ist wesentlicher Bestandteil der Lehre Jesu: »Richtet nicht (*me krinete*), damit ihr nicht gerichtet werdet!« (Mt 7,1), eine Ermahnung, die Paulus im Römerbrief (Röm 14,3) wiederholt: »Richtet nicht (*me krineto*)!« Nirgendwo wird die theologische Grundlage dieses Verbots deutlicher formuliert als im Johannesevangelium: »Denn Gott hat seinen Sohn nicht in die Welt gesandt, um sie zu richten (*hina krine*), sondern um sie zu retten (*hina sothe*)« (Joh 3,17). Das Gebot, nicht zu richten, ist darin begründet, dass der Ewige die Welt nicht richten will, er will sie erlösen; zumindest bis zum Ende der Zeiten schließen Gericht und Erlösung einander aus.

Doch warum muss derjenige, der nicht richtet, sich dem Urteil eines Richters beugen, das ewige Reich dem Gericht des irdischen Reichs »ausgeliefert« werden?

15

Dante erwähnt Pilatus in *De monarchia* (II,12). Er tut dies, um den göttlichen Heilsplan mit dem Urteil des kaiserlichen Repräsentanten, das spirituelle Reich Christi mit dem irdischen Reich Roms zu versöhnen. Deshalb muss er sowohl die rechtliche als auch die theologische Legitimität von Pilatus' Urteil behaupten: »Wenn das römische Imperium nicht von Rechts wegen bestand, wurde die Sünde Adams nicht in Christus gesühnt«. Um die Menschheit von der Sünde zu erlösen, war es also unumgänglich, dass Christus der Prozess gemacht und von einem Richter bestraft wurde, der die legitime Gerichtsbarkeit über das ganze Menschengeschlecht besaß.

»Man muss nämlich wissen, dass die Bestrafung nicht einfach eine Strafe dessen ist, der ein Verbrechen begangen hat, sondern eine Strafe, die von demjenigen auferlegt wurde, der die Gerichtsbarkeit des Strafens besitzt, denn wenn die Strafe nicht von einem ordentlichen Richter (*ab ordinario iudice*) verhängt wird, ist sie keine Bestrafung, sondern eher ein Unrecht [...]. Hätte Christus nicht unter einem ordentlichen Richter gelitten, wäre seine Strafe keine Bestrafung gewesen [...]. Und ordentlicher Richter kann nur sein, der die Gerichtsbarkeit über die ganze menschliche Gattung besaß, weil die ganze menschliche Gattung im Fleisch Christi, der unsere Schmerzen ertrug, wie der Prophet sagt, bestraft wurde. Und der Kaiser Tiberius, dessen Stellvertreter Pilatus war, hätte die Gerichtsbarkeit nicht besessen, wenn das römische Imperium nicht von Rechts wegen (*de iure*) bestanden hätte.«

Für Dante steht und fällt die Verwirklichung der Heilsökonomie mit der Rechtmäßigkeit des Urteils, das Pilatus als Stellvertreter des römischen Imperiums spricht. Die Kreuzigung Christi ist nicht irgendeine »Strafe«, sondern »legitime Bestrafung (*punitio*)«, von einem ordentlichen Richter verhängt, der als Stellvertreter des Kaisers die Gerichtsbarkeit über die gesamte Menschheit besaß, die nur so von der Sünde erlöst werden konnte.

16

Somit ist hinreichend bewiesen, dass Jesus von Pilatus der Prozess gemacht werden musste. Dante ging es offenkundig um eine theologisch-politische These, die das Reich gegenüber der Kirche legitimieren sollte. Das Römische Reich ist in den göttlichen Heilsplan eingeschrieben, jedoch in seiner Autonomie, und es handelt entsprechend. Die Geschichte gehört zur Heilsökonomie, jedoch als vollwertige Wirklichkeit, nicht als Marionettentheater. Insofern ist Pilatus nicht nur ein *executor Novi Testamenti*, sondern auch ein historischer Akteur mit all seinen unauflösbaren Widersprüchen.

Diese Widersprüche sind keineswegs bloß psychologischer Natur. In ihnen manifestiert sich ein tieferer Konflikt, der Gegensatz von Ökonomie und Geschichte, Irdischem und Ewigem, Gerechtigkeit und Erlösung, den auch Dantes Lehre nicht zu versöhnen vermag. Pilatus *ist* dieser Widerspruch. Und insofern in ihm das Wort Fleisch geworden ist, ist auch und gerade Christus dieser Widerspruch. Mittels der aus dem am Übergang vom 5. zum 6. Jahrhundert die Kirche spaltenden Streit zwischen

Monophysiten und Diphysiten hervorgegangenen Lehre von den zwei Naturen und den zwei Willen, dem göttlichen und dem menschlichen, die hypostatisch in einer Person ungetrennt geschieden sind, gelang es den Theologen jedoch – zumindest glaubten sie das – den Widerspruch aufzulösen.

Pilatus darf sich dieses Privilegs nicht erfreuen. Mit dem Ewigen konfrontiert muss er sich mit seiner menschlichen Natur behelfen. Er ist ein Mensch, weiter nichts. Anders als Christus hat er nicht zwei Willen, dank derer er in einem Atemzug sagen könnte: »lass diesen Kelch an mir vorübergehen« und »nicht wie ich will, sondern wie du willst« (Mt 26,39); er hat nur einen Willen, mit dem er auf seine Weise die Gerechtigkeit und die Wahrheit sucht.

17

Auf die Ethik angewandt, erhält die Lehre von den zwei Willen den Anschein der Heuchelei. Wenn jemand, der über zwei Willen verfügt, mit einem der beiden das rechtfertigen wollte, was er mit dem anderen will oder tut, hätte er den Bereich der Ethik verlassen. Wenn Jesus zu Pilatus sagt, dass er in die Welt gekommen sei, um für die Wahrheit zu zeugen, meint er damit sicher nicht, dass er als jemand, der zwei Naturen hat, mit einer von ihnen – der menschlichen – für die andere – die göttliche – zeugt (und umgekehrt). Diese Aufgabe wäre zu einfach. Auch wenn man die Lehre von den zwei Naturen und den zwei Willen ernst nehmen würde, kann sie nur so gedeutet werden, dass sie sich zur Rechtfertigung gerade nicht aufeinander berufen können. Jesus ist indes ein Mensch, nichts weiter, genauso wie Pilatus. Deshalb ist sein Zeugnis paradox: Er muss *in* dieser Welt bezeugen, dass sein Reich nicht von dieser Welt ist – nicht, dass er *hier* ein einfacher Mensch, *anderswo* jedoch ein Gott ist.

Man liest immer wieder, Jesu Behauptung, für die Wahrheit zu zeugen, sei rätselhaft oder jedenfalls so beschaffen, dass Pilatus sie nicht verstehen konnte. Stellt man den Satz in seinen Zusammenhang, hat er in Wahrheit nichts Rätselhaftes. Jesus steht vor einem Richter, der ihn befragt, ihm wird der Prozess gemacht und von jedem Angeklagten und jedem Zeugen wird erwartet, dass er die Wahrheit bezeugt. Jesus selbst hat im Anschluss an die Episode mit der Ehebrecherin (die zu verurteilen er sich geweigert hatte) auf den Vorwurf der Juden: »Du zeugst von dir selbst; dein Zeugnis ist nicht wahr (*he martyria sou ouk estin alethes*)« erwidert:

> »Auch wenn ich von mir selbst zeuge, ist mein Zeugnis wahr, denn ich weiß, woher (*pothen*) ich gekommen bin und wohin (*pou*) ich gehe. [...] Ihr richtet nach dem Fleisch; ich richte niemand (*ego ou krino oudena*).« (Joh 8,13-15)

Jetzt steht er vor Gericht, befindet sich also am passendsten Ort, um die Wahrheit seines Zeugnisses zu beweisen. Rätselhaft und schwer verständlich ist jedoch nicht das Zeugnis selbst, sondern die Wahrheit, die es bezeugen soll, nämlich die paradoxe Tatsache, dass er ein Reich hat, es aber nicht »von hier« ist. Er muss *in der Geschichte und in der Zeit* die Gegenwart einer überhistorischen, ewigen Wirklichkeit bezeugen. Doch wie soll man die Gegenwart eines Reichs bezeugen, das nicht »von hier« ist?

18

In seinem Pamphlet gegen Martensen, der in seiner Totenrede auf Pastor Mynster diesen als »Wahrheitszeugen« bezeichnet hatte, erklärt Kierkegaard, was es seiner Meinung nach bedeutet, »für die Wahrheit zu zeugen«. Unter Berufung auf den Wortlaut des Evangeliums schreibt er, dass »ein Wahrheitszeuge, einer von den echten Wahrheitszeugen, […] ein Mann [ist], der gegeißelt, misshandelt, von einem Kerker in den anderen geschleppt wird, und dann zuletzt […] wird er gekreuzigt oder geköpft oder verbrannt oder auf einem Rost gebraten, sein entseelter Leichnam wird vom Schinder an eine abgelegene Stelle geworfen, unbegraben«. Wirklich zu denken, was einem Zeugnis Autorität verleiht, versucht Kierkegaard jedoch in der kurzen Abhandlung *Über den Unterschied zwischen einem Genie und einem Apostel.* Autorität habe ein Zeugnis nicht, weil es tiefsinnig oder geistreich ist. Auch könne es keinen Beweis seiner selbst beibringen, da es ein Unsinn sei, »*sinnliche* Gewissheit davon zu erhalten, dass es einen Gott gibt«. Die Autorität eines Wortes beruht nicht auf seinem Inhalt, den jeder genauso wiederholen kann. Vielmehr kommt sie ihm vom Ort seiner Äußerung zu, der anderswo liegen muss: »Autorität ist eine spezifische Qualität, welche von einer anderen Stelle her hinzutritt und qualitativ sich gerade geltend macht, wenn der Inhalt der Aussage oder des Tuns in Indifferenz gesetzt ist.«

Auch Kierkegaard gelingt es nicht, den Widerspruch von Menschlichem und Göttlichem, Geschichte und Ewigkeit aufzulösen. Denn seine Behauptung ist wahr und falsch zugleich: falsch, weil er behauptet, dass der Inhalt gleichgültig sei, das Zeugnis der Wahrheit jedoch gerade das sein soll, was die Wahrheit des von ihm Gesagten *eo ipso* zeigt; wahr, weil gerade diese besondere Form der Evidenz, die das Zeugnis der Ebene der Tatsachen enthebt, seine spezifische Autorität und zugleich seine Schwäche bedingt.

19

Pilatus und Jesus, der Statthalter des irdischen Reichs und der Himmelskönig, treffen an ein und demselben Ort aufeinander, im Prätorium von Jerusalem, dessen unwahrscheinliche Stätte die Archäologen gefunden zu haben glauben. Um für die Wahrheit zu zeugen, muss Jesus sein Reich, das zugleich fern ist (»nicht von dieser Welt«) und nah, sogar zum Greifen nah (*entos ymin*, Lk 17,21), zur selben Zeit behaupten und widerrufen. Sein aus rechtlicher Sicht zum Scheitern verdammtes Zeugnis wird zur Posse: der Purpurmantel, die Dornenkrone, das Rohr als Zepter, die »Richte uns!«-Rufe. Er – der nicht gekommen ist, die Welt zu richten, sondern zu erlösen – muss sich, vielleicht gerade deshalb, vor Gericht verantworten und einem Urteil beugen, das von seinem *alter ego* Pilatus nicht einmal ausgesprochen wird, gar nicht ausgesprochen werden kann. Gerechtigkeit und Erlösung, die einander stets aufs Neue ausschließen und hervorrufen, lassen sich nicht versöhnen. Das Urteil ist schonungslos und unmöglich zugleich, weil in ihm die Dinge als unrettbar verlorene erscheinen; die Erlösung ist gnädig, aber unwirksam, weil in ihr die Dinge als nicht justiziabel erscheinen. Deshalb findet – zumindest was Pilatus betrifft – auf dem »Steinpflaster« (*Gabbata*), weder das Gericht noch die Erlösung statt: Sie münden in einem unentschiedenen, unentscheidbaren *non liquet*.

Hier und jetzt von der Wahrheit des Reichs, das nicht hier ist, zu zeugen, heißt anzuerkennen, dass wir das, was wir erlösen wollen, richten. Denn die Welt in ihrer Vergänglichkeit will nicht Erlösung, sondern Gerechtigkeit. Und sie will sie eben deshalb, weil sie nicht erlöst werden möchte. Als unrettbare urteilen die Geschöpfe über das Ewige – so lautet das Paradox, das Jesus zuletzt, als er vor Pilatus steht, das Wort entzieht. Hier ist das Kreuz, hier ist die Geschichte.

Anmerkungen

1 Schmitt, »Drei Möglichkeiten eines christlichen Geschichtsbildes«, S. 930.
2 Ebenda.
3 Ehrman/Pleše, *The Apocryphal Gospels*, S. 419-463.
4 Ebenda, S. 501-509.
5 Ebenda, S. 506-508.
6 Ebenda, S. 508.
7 Oudenrijn, *Gamaliel*, S. 23.
8 Ebenda, S. 75.
9 Ehrman/Pleše, *The Apocryphal Gospels*, S. 559-567.
10 Ebenda, S. 562-564.
11 Ebenda, S. 566.
12 Spengler, *Der Untergang des Abendlandes*, S. 820.
13 Demandt, *Pontius Pilatus*, S. 86.
14 Ehrman/Pleše, *The Apocryphal Gospels*, S. 432.
15 Bickerman, »Utilitas crucis«, S. 123.
16 Barth, *Die Kirchliche Dogmatik*, S. 558.
17 Pascal, *Pensées*, S. 695.
18 Rosadi, *Der Prozeß Jesus*, S. 227.
19 Romano, *Il processo di Gesù*, S. 313 f.
20 Bickerman, »Utilitas crucis«, S. 127.
21 De Francisci, »Brevi riflessioni intorno al ›processo‹ di Gesù«, S. 25.
22 Bickerman, »Utilitas crucis«, S. 129.
23 Blinzler, *Der Prozeß Jesu*, S. 154.

Literaturverzeichnis

Barth, Karl, *Die Kirchliche Dogmatik*, Bd. II,2, 3. Aufl., Zollikon-Zürich: Evang. Verl. 1948.

Bickerman, Elias, »Utilitas crucis. Observations sur les récits du procès de Jésus dans les Évangiles canoniques« (1935), in ders., *Studies in Jewish and Christian History*, Bd. III, Leiden: Brill 1986, S. 82-138.

Blinzler, Josef, *Der Prozeß Jesu*, 2., erw. Aufl., Regensburg: Pustet 1955.

De Francisci, Pietro, »Brevi riflessioni intorno al ›processo‹ di Gesù«, in *Studi in onore di G. Grosso*, Turin: Giappichelli editore 1968, S. 1-25.

Demandt, Alexander, *Pontius Pilatus*, München: Beck 2012.

Ehrman, Bart D./Pleše, Zlatko, *The Apocryphal Gospels. Texts and translations*, hg. von dens., New York: Oxford University Press 2011.

Oudenrijn, Marcus Antonius van den, *Gamaliel. Äthiopische Texte zur Pilatusliteratur*, Freiburg/Schweiz: Univ.-Verl. 1959.

Pascal, Blaise, *Pensées*, préface et introduction de L. Brunschvicg, Paris: Le Livre de Poche 1972.

Romano, Davide, *Il processo di Gesù*, prefazione di S. Tafaro, Bari: Palomar 1992.

Rosadi, Giovanni, *Der Prozeß Jesus*, aus dem Italienischen von Erwin Mader, Wien: Burgverl. 1926.

Schmitt, Carl, »Drei Möglichkeiten eines christlichen Geschichtsbildes« (mit dem redaktionellen Titel »Drei Stufen historischer Sinngebung«), in *Universitas* 5 (1950), S. 927-931.

Spengler, Oswald, *Der Untergang des Abendlandes*, München: Beck 1963.

Erste Auflage, Berlin 2014

info@matthes-seitz-berlin.de

Druck und Bindung: Artdruk, Szczecin
Umschlaggestaltung
nach einer Idee von Pierre Faucheux
ISBN 978-3-95757-022-2

www.matthes-seitz-berlin.de